အမေရိကန်နိုင်ငံသားဖြစ်စာမေးပွဲ မေးခွန်းနှင့်အဖြေများ

ဦးသိန်းမောင် ပြုစုသည်၊

United States
Quick Civics Lessons for the New Naturalization Test

(Translated into Burmese by Oo Thein Maung)
February 27, 2017

★ ★ ★ ပညာရေးနှင့် လေ့လာရေးဆိုင်ရာ အထောက်အကူပြု၊ အခြားသတင်းအချက်အလက် များကို **http://www.uscis.gov** အိန်တာနက် စာမျက်နှာတွင် လေ့လာနိုင်ကြပါသည်။

★ ★ ★ အမေရိကန်နိုင်ငံသားဖြစ်စာမေးပွဲ စစ်ဆေးခြင်း၊ဖြေဆိုခြင်းများနှင့် ပက်သက်၍လေ့လာ လိုပါက http//www.uscis.gov/citizenshiptest အိန်တာနက်စာမျက်နှာတွင် လေ့လာ နိုင်ကြပါသည်။

မှတ်ချက်။ ။ ရွေးကောက်ပွဲများနှင့် အခြားအခြေအနေအရပ်ရပ်ကြောင့် သတင်းအချက် အလက်များ အပြောင်းအလဲရှိကောင်းရှိပါလိမ့်မည်။ ယခုဤစာအုပ်၌ ၂၀၀၉ခုနှစ်၊ ဂျူလိုင်လတွင် စတင်၍ USCIS မှ အတည်ပြုထုတ်ဝေထားသည့် အမေရိကန်နိုင်ငံသားဖြစ်စာမေးပွဲစာအုပ် အပေါ်အခြေခံလျှက် ၂၀၁၇ခုနှစ်၊ ဖေဖော်ဝါရီလအထိ နောက်ဆုံးသတင်းအချက်အလက်များကို ထည့်သွင်းထားရှိပါသည်။ နောက်ထပ်အပြောင်းအလဲများအပေါ်အခြေခံလျှက် ထပ်မံပြင်ဆင် ထုတ်ဝေသွားဦးမည် ဖြစ်ပါသည်။

Contact Address:
Oo Thein Maung
1107 S Washington St.
Wheaton, IL 60189

Phone:
1-331-225-7720

Email:
otmupdate@hotmail.com

February, 2017.

အမေရိကန်ပြည်ထောင်စုတွင်ပုံနှိပ်ထုတ်ဝေသည်။

ယျေဘုယျအားဖြင့်အမေရိကန်နိုင်ငံသားဖြစ်ရေး လျှောက်ထားနိုင်သူများ

♦ အသက်(၁၈)နှစ်ပြည့်ပြီးသူဖြစ်ရမည်။

♦ အမေရိကန်ပြည်ထောင်စုနယ်မြေအတွင်းတွင် အမြဲတမ်းနေထိုင်သူ (Permanent Resident – Green Card ကိုင်ဆောင်သူ) အဖြစ်ပြစ်မှုကင်းရှင်းစွာဖြင့် အနည်းဆုံး (၅) နှစ် ဆက်တိုက်နေထိုင်ပြီးသူဖြစ်ရမည်။

♦ (၅) နှစ်ဆက်တိုက်နေထိုင်ပြီးသူ ဟူသည်မှာ အဆိုပါ (၅) နှစ်အတွင်း အမေရိကန်ပြည် ထောင်စုပြင်ပသို့ (၆) လ နှင့်အထက် ကျော်လွန်၍ ခရီးမထွက်ဖူးသူဖြစ်ရမည်။

♦ အမေရိကန်နိုင်ငံသား/သူတစ်ဦးဦးအား လက်ထပ်ထားသူဖြစ်ပါက အမေရိကန်ပြည် ထောင်စုအတွင်းတွင် အဆိုပါအိမ်ထောင်ဖက်နှင့် အတူတကွ (၃) နှစ်ဆက်တိုက် နေထိုင်ပြီးသူ ဖြစ်ရမည်။

(✱) အမှတ်အသားနှင့်ပက်သက်၍

• If you are 65 years old or older and have been a legal permanent resident of the United States for 20 or more years, you may study just the questions that have been marked with an asterisk *.

• အကယ်၍ သင်သည် အသက်(၆၅)နှစ် (သို့မဟုတ်) ၄င်းအထက်ဖြစ်ပြီး အမေရိကန်ပြည်ထောင်စုတွင် အမြဲတမ်းနေထိုင်သူ အဖြစ်ဖြင့် နှစ်ပေါင်း (၂၀)နှင့် အထက်နေထိုင်ပြီးဖြစ်ပါက ခရေပွင့်အမှတ်အသား (✱) ပြထား သောမေးခွန်းများကိုသာ လေ့လာလိုက လေ့လာနိုင်ပါသည်။ *

All Information are updated by February, 2017.

မာတိကာ

အမှာစာ

　　ကျွန်တော်သည် ၂၀၁၁ ခုနှစ်၊ ဩဂုတ်လ(၁၅)ရက်နေ့က အမေရိကန်ပြည်ထောင်စု၊ ချီကာဂိုမြို့ရှိ နိုင်ငံသားများဆိုင်ရာ နှင့်လူဝင်မှုကြီးကြပ်ရေးဌာန (U.S. Citizenship and Immigration Services - USCIS) ရုံးခန်းမတွင် အမေရိကန် နိုင်ငံသားတစ်ဦးအဖြစ် ကျွမ်းသစ္စာကျိန်ဆိုခဲ့ပါသည်။ ထိုနေ့၊က ကျွန်တော်နှင့်အတူ အမေရိကန်နိုင်ငံသားအဖြစ် ကျွမ်းသစ္စာကျိန်ဆို သူပေါင်း မှာ (၁၃၅) ဦး (တရုတ် မှသည် အစ္စရေးအထိ၊ လစ်သူယေးနီးယား မှသည် ကင်ညာအထိ မူလနိုင်ငံပေါင်း ၃၉ နိုင်ငံမှ) ဖြစ်ကြပါသည်။

　　အမေရိကန်နိုင်ငံသားဖြစ်စာမေးပွဲ (Naturalization Test) ၌ 'အိန်တာဗျူး' ၊ 'အင်္ဂလိပ်စာအရေး' နှင့် 'အင်္ဂလိပ်စာအဖတ်' စစ်ဆေးခြင်းများခံရပြီး အိန်တာဗျူးမေးခွန်းများမေးရာတွင် ယခုဤစာအုပ်၌ ဖော်ပြထားသည့် မေးခွန်း တစ်ရာ(၁၀၀)အနက်မှ မေးခွန်းဆယ်(၁၀)ခုကို ထုတ်နှုတ်မေးမြန်းပါသည်။ နိုင်ငံသားဖြစ်စာမေးပွဲဖြေဆိုသူတိုင်းသည် အိန်တာဗျူး မေးခွန်း ဆယ်(၁၀)ခုတွင် ခြောက်(၆)ခုကို မှန်ကန်စွာဖြေဆိုနိုင်ရမည်ဖြစ်ပြီး အင်္ဂလိပ်စာအရေးနှင့်အဖတ် ဖြေဆိုရာ၌ တစ်ကဏ္ဍလျှင် ဝါကျ (Sentence) သုံးကြောင်းကျစီ သတ်မှတ်ထားရှိပြီး ယင်းသုံးကြောင်းအနက်မှ တစ်ကြောင်းစီကို မှန်ကန် စွာ ဖြေဆိုနိုင်ရမည်ဖြစ်ပါ သည်။ အင်္ဂလိပ်စာအရေး/အဖတ်စစ်ဆေးမှုများအတွက် လေ့လာရန် USCIS မှ သတ်မှတ်ပေးထား သည့် ဝေါဟာရများကိုလည်း မြန်မာဘာသာပြန်များနှင့်တွဲဖက်လျှက် အိန်တာဗျူးမေးခွန်းနှင့်အဖြေများနောက်တွင် ဖော်ပြ ထားရှိ ပါသည်။

　　အနာဂါတ်တစ်ချိန်ချိန်၌ မိမိကဲ့သို့စစ်ဆေးမေးမြန်းခြင်းခံကြရမည် (အမေရိကန်နိုင်ငံသားဖြစ်လိုသူ) ချစ်မိတ်ဆွေများ အား အတိုင်းအတာတစ်ခုထိ အထောက်အပံ့ဖြစ်စေရန်အလို့ငှာရည်သန်၍ မိမိ၏စာတွေ့၊ ကိုယ်တွေ့ အတွေ့အကြုံများအပေါ် အခြေခံကာ ဤစာအုပ်ကို ဘာသာပြန်ဆို၊ ထုတ်ဝေလိုက်ခြင်းဖြစ်ပါသည်။ ယခုအခါ ဤစာအုပ်သည် အမေရိကန်တစ်နိုင်ငံလုံး အတိုင်းအတာဖြင့် အုပ်ရေပေါင်း ၃၀၀၀ ကျော်ဖြန့်ချိရပြီးဖြစ်ပါသည်။

　　ယခုဤစာအုပ်ပါအချက်အလက်များကို ၂၀၁၇ ခုနှစ်၊ ဖေဖော်ဝါရီလတွင် ပြန်လည်ပြင်ဆင်ပြုစုထားခြင်းဖြစ်ပါသည်။

ကျေးဇူးတင်ပါသည်။

အားလုံး စိတ္တသုခ၊ ကာယသုခ နှင့်ပြည့်စုံနိုင်ကြပါစေ။

ခင်မင်မှုဖြင့်၊

ဦးသိန်းမောင်

AMERICAN GOVERNMENT
အမေရိကန်အစိုးရ

A. Principles of American Democracy
အပိုင်း (အေ)။ အမေရိကန်ဒီမိုကရေစီ၏ မူဝါဒများဆိုင်ရာ

1. What is the supreme law of the land?
A: The Constitution
၁။ မေး။ ။ အမေရိကန်ပြည်ထောင်စု၏ အမြင့်ဆုံးတရားဥပဒေသည် အဘယ်နည်း။
၁။ ဖြေ။ ။ နိုင်ငံတော်ဖွဲ့စည်းအုပ်ချုပ်ပုံ အခြေခံဥပဒေ ဖြစ်ပါသည်။

2. What does the Constitution do?
- *sets up the government*
- *defines the government*
- *protects basic rights of Americans*

၂။ မေး။ ။ ဖွဲ့စည်းပုံအခြေခံဥပဒေသည် မည်သည့်အရာများကို ပြဋ္ဌာန်းပါသနည်း။
၂။ ဖြေ။ ။
- နိုင်ငံတော်အစိုးရအား ဖွဲ့စည်းတည်ဆောက်ပါသည်။
- နိုင်ငံတော်အစိုးရ၏ အနက်အဓိပ္ပါယ်ကိုဖွင့်ဆိုပါသည်။
- အမေရိကန်ပြည်သူများ၏ အခြေခံအခွင့်အရေးများကို ကာကွယ်ပေးပါသည်။

3. The idea of self-government is in the first three words of the Constitution. What are these words?
A: We the People
၃။ မေး။ ။ မိမိတို့၏ကိုယ်စားပြု (ပြည်သူ့) အစိုးရ အုပ်ချုပ်မှုကို (အမေရိကန်) ဖွဲ့စည်းပုံအခြေခံဥပဒေပါ ပထမဦးဆုံးသော ဝေါဟာရသုံးလုံး မှ ဖေါ်ပြညွှန်းဆိုပါသည်။ အဆိုပါ စကားလုံးသုံးလုံးမှာ အဘယ်စကားလုံးများပါနည်း။
၃။ ဖြေ။ ။ "ကျွန်ုပ်တို့ ပြည်သူ လူထု" ဖြစ်ပါသည်။

4. What is an amendment?
- *a change (to the Constitution)*
- *an addition (to the Constitution)*

၄။ မေး။ ။ ဥပဒေပြင်ဆင်ချက်အပိုဒ် ဟူသည်မှာ အဘယ်နည်း။
၄။ ဖြေ။ ။
- ဖွဲ့စည်းပုံအခြေခံဥပဒေပါ အချက်အလက်များအား ပြောင်းလဲပြင်ဆင်ချက်
- ဖွဲ့စည်းပုံအခြေခံဥပဒေတွင် ထည့်သွင်းပြင်ဆင်ချက်။

5. What do we call the first ten amendments to the Constitution?
A: The Bill of Rights

၅။ မေး။ ။ နိုင်ငံတော်ဖွဲ့စည်းအုပ်ချုပ်ပုံအခြေခံဥပဒေ၌ ထည့်သွင်းပြင်ဆင် ဖွဲ့စည်းထားသည့် ပထမဦးဆုံးသော ဥပဒေပြင်ဆင် ချက် ၁၀ ချက်ကို အဘယ်သို့ ခေါ်ပါ သနည်း။

၅။ ဖြေ။ ။ The Bill of Rights ဟု ခေါ်ပါသည်။

6. What is <u>one</u> right or freedom from the First Amendment?*
- *Speech*
- *Religion*
- *Assembly*
- *Press*
- *petition the government*

၆။ မေး။ ။ ပထမဆုံး (ဥပဒေပြင်ဆင်ချက်) အခန်းထဲမှ အခွင့်အရေး (သို့မဟုတ်) လွတ်လပ်မှု <u>တစ်ရပ်</u> မှာ အဘယ်နည်း။ (*)

၆။ ဖြေ။ ။
- လွတ်လပ်စွာ ပြောဆိုခွင့်
- လွတ်လပ်စွာ ကိုးကွယ်ယုံကြည်ခွင့် (ဘာသာရေးလွတ်လပ်ခွင့်)
- လွတ်လပ်စွာ စည်းရုံးခွင့်
- လွတ်လပ်စွာ ရေးသားထုတ်ဝေခွင့်
- (အစိုးရနှင့်) လွတ်လပ်စွာ သဘောထားကွဲလွဲခွင့်

7. How many amendments does the Constitution have?
A: twenty-seven (27)

၇။ မေး။ ။ ဖွဲ့စည်းအုပ်ချုပ်ပုံ အခြေခံဥပဒေ၌ ပြင်ဆင်ချက်အခန်း မည်မျှပါရှိပါသနည်း။

၇။ ဖြေ။ ။ နှစ်ဆယ့်ခုနစ် (၂၇) ခန်း (ပါရှိပါသည်။)

8. What did the Declaration of Independence do?
- *announced our independence (from Great Britain)*
- *declared our independence (from Great Britain)*
- *said that the United States is free (from Great Britain)*

၈။ မေး။ ။ (အမေရိကန်) လွတ်လပ်ရေးကြေ်ငြာစာတမ်းသည် မည်သည့်အရာများကို လုပ်ဆောင် (ဆိုလို) ပါသနည်း။

၈။ ဖြေ။ ။
- (ဂရိတ်ဗြိတိန်ထံမှ) ကျွန်ုပ်တို့၏ လွတ်လပ်ရေးကို ထုတ်ပြန်ကြေ်ငြာခဲ့ပါသည်။
- (ဂရိတ်ဗြိတိန်ထံမှ) ကျွန်ုပ်တို့၏ အမှီအခိုကင်းကြောင်းကို ထုတ်ပြန်ကြေ်ငြာမှုပြုခဲ့ပါသည်။
- အမေရိကန်ပြည်ထောင်စုသည် (ဂရိတ်ဗြိတိန်ထံမှ) လွတ်လပ်ကြောင်း ပြောဆိုပါသည်။

9. What are <u>two</u> rights in the Declaration of Independence?
- *Life*
- *Liberty*
- *pursuit of happiness*

၉။ မေး။ ။ လွတ်လပ်ရေးကြေ်ငြာစာတမ်းမှ အခွင့်အရေးနှစ်ရပ် မှာ အဘယ်နည်း။

၉။ ဖြေ။ ။
- ဘဝ
- လွတ်လပ်မှု
- (မိမိ) နှစ်သက်ပျော်ရွှင်သက်သို့ ပြုမှုဆောင်ရွက်ရေး

10. What is freedom of religion?

A: You can practice any religion, or not practice a religion.

၁၀။ မေး။ ။ ဘာသာရေးလွတ်လပ်ခွင့်ဟူသည် အဘယ်နည်း။

၁၀။ ဖြေ။ ။ သင်သည် မည်သည့်ဘာသာကိုမဆို ကိုးကွယ်ယုံကြည်ခွင့်ရှိသည်။ (သို့မဟုတ်) မည်သည့်ဘာသာကိုမှ မကိုးကွယ်၊ မယုံကြည်ပဲလည်း နေပိုင်ခွင့်ရှိသည်။

11. What is the economic system in the United States?*

- *capitalist economy*
- *market economy*

၁၁။ မေး။ ။ အမေရိကန်ပြည်ထောင်စု၏ စီးပွါးရေးစံနစ်သည် မည်သည့်စီးပွါးရေးစံနစ် ဖြစ်ပါသနည်း။ (*)

၁၁။ ဖြေ။ ။

- အရင်းရှင်စီးပွါးရေးစံနစ်
- ဈေးကွက်စီးပွါးရေးစံနစ်

12. What is the "rule of law"?

- *Everyone must follow the law.*
- *Leaders must obey the law.*
- *Government must obey the law.*
- *No one is above the law.*

၁၂။ မေး။ ။ "တရားဥပဒေစိုးမိုးရေး" ဟူသည် အဘယ်အခြင်းအရာကို ခေါ်ဆိုပါသနည်း။

၁၂။ ဖြေ။ ။

- လူတိုင်း တရားဥပဒေကို လေးစားလိုက်နာရမည်။
- ခေါင်းဆောင်များ တရားဥပဒေအပေါ် လေးစားရှိသေရမည်။
- နိုင်ငံတော်အစိုးရသည် တရားဥပဒေကို လေးစားရှိသေရမည်။
- တရားဥပဒေ၏ အထက်တွင် မည်သူမှ ရှိမနေစေရ။

B. System of Government

အပိုင်း (ဘီ)။ အစိုးရစံနစ်

13. Name one branch or part of the government.*

- *Congress*
- *Legislative*
- *President*
- *Executive*
- *the courts*
- *judicial*

၁၃။ မေး။ ။ အစိုးရ၏ ပင်မအစိတ်အပိုင်းတစ်ခု (သို့မဟုတ်) ဗဟိုအစိုးရပြန့်နှဲ့ တစ်ခု ၏ အမည်ကိုပြောပြပါ။ (✱)

၁၃။ ဖြေ။ ။

- ပြည်သူ့လွှတ်တော်
- ဥပဒေပြုရေးအဖွဲ့
- နိုင်ငံတော်သမ္မတ
- ဗဟိုအလုပ်အမှုဆောင်
- တရားရုံးများ
- တရားစီရင်ရေးအဖွဲ့

14. What stops one branch of government from becoming too powerful?
- *checks and balances*
- *separation of powers*

၁၄။ မေး။ ။ အစိုးရအဖွဲ့ ခွဲတစ်ခုခုအား အထူးအာဏာကုန်ရရှိမလာစေရန် မည်သည့်အခြင်းအရာများက တားဆီးကာကွယ် ထားပါသနည်း။

၁၄။ ဖြေ။ ။

- စစ်ဆေးခြင်းနှင့် အားမျှခြေပြုခြင်း
- အာဏာခွဲဝေ ချမှတ်ထားရှိခြင်း

15. Who is in charge of the executive branch?
A: the President

၁၅။ မေး။ ။ ဗဟိုအစိုးရအဖွဲ့ကို မည်သူက ဦးဆောင်ပါသနည်း။

၁၅။ ဖြေ။ ။ နိုင်ငံတော်သမ္မတ။

16. Who makes federal laws?
- *Congress*
- *Senate and House (of Representatives)*
- *(U.S. or national) legislature*

၁၆။ မေး။ ။ ဖယ်ဒရယ်ပြည်ထောင်စုဆိုင်ရာ ဥပဒေများကို မည်သူချမှတ်ရေးဆွဲပါသနည်း။

၁၆။ ဖြေ။ ။

- အောက်လွှတ်တော်
- အထက်လွှတ်တော်
- (အမေရိကန်ပြည်ထောင်စု သို့မဟုတ် အမျိုးသား) ဥပဒေပြုရေးအဖွဲ့

17. What are the two parts of the U.S. Congress?*
A: the Senate and House (of Representatives)

၁၇။ မေး။ ။ အမေရိကန်ပြည်ထောင်စု ပြည်သူ့လွှတ်တော်၏ အဓိကအစိတ်အပိုင်းနှစ်ရပ်မှာ အဘယ်တို့နည်း။ (✱)

၁၇။ ဖြေ။ ။ အထက်လွှတ်တော် နှင့် အောက်လွှတ်တော်

18. How many U.S. Senators are there?
A: one hundred (100)

၁၈။ မေး။ ။ အထက်လွှတ်တော်အမတ်ဦးရေ မည်မျှရှိပါသနည်း။

၁၈။ ဖြေ။ ။ တစ်ရာ (၁၀၀)။

19. We elect a U.S. Senator for how many years?
A: six (6)
၁၉။ မေး။ ။ အထက်လွှတ်တော်အမတ်တစ်ဦးအား သက်တမ်းနှစ်မည်မျှအတွက် ကျွန်ုပ်တို့ ရွေးကောက်တင်မြှောက်ပါသနည်း။
၁၉။ ဖြေ။ ။ ခြောက် (၆) နှစ်။

20. Who is <u>one</u> of your state's U.S. Senators?*
A: Answers will vary. [For District of Columbia residents and residents of U.S. territories, the answer is that D.C. (or the territory where the applicant lives) has no U.S. Senators.]
၂၀။ မေး။ ။ သင့်ပြည်နယ်မှ အထက်လွှတ်တော်အမတ် <u>တစ်ဦး</u> မှာ မည်သူဖြစ်ပါသနည်း။ (*)
၂၀။ ဖြေ။ ။ နေရပ်ဒေသအပေါ်မူတည်၍ အဖြေကွဲလွဲမှုများရှိပါမည်။ (ကိုလံဘီယာခရိုင် (ဒီစီ) နှင့် သမုဒ္ဒရာအတွင်းရှိ အမေရိကန် နယ်နိမိတ်ဒေသများအတွင်းတွင်နေထိုင်သူများအနေဖြင့် "အထက်လွှတ်တော်အမတ်မရှိ" ဟု ဖြေဆိုရပါမည်။)

21. The House of Representatives has how many voting members?
A: four hundred thirty-five (435)
၂၁။ မေး။ ။ အောက်လွှတ်တော်၌ အဖွဲ့ဝင်အမတ်ဦးရေပေါင်း မည်မျှရှိပါသနည်း။
၂၁။ ဖြေ။ ။ လေးရာသုံးဆယ့်ငါး (၄၃၅) ယောက်။

22. We elect a U.S. Representative for how many years?
A: two (2)
၂၂။ မေး။ ။ အောက်လွှတ်တော်အမတ်တစ်ဦးအား သက်တမ်းနှစ်မည်မျှအတွက် ကျွန်ုပ်တို့ရွေးကောက်တင်မြှောက်ပါသနည်း။
၂၂။ ဖြေ။ ။ (၂) နှစ်။

23. Name your U.S. Representative.
A: Answers will vary. [Residents of territories with nonvoting Delegates or resident Commissioners may provide the name of that Delegate or Commissioner. Also acceptable is any statement that the territory has no (voting) Representatives in Congress.]
၂၃။ မေး။ ။ သင့် (မဲဆန္ဒနယ်မှ) အောက်လွှတ်တော်အမတ်၏ အမည်ကိုပြောပြပါ။
၂၃။ ဖြေ။ ။ နေထိုင်ရာနေရာဒေသအလိုက် အဖြေများကွဲလွဲပါလိမ့်မည်။ (မဲဆန္ဒနယ် သတ်မှတ်မထားရှိပဲ နယ်မြေခံကိုယ်စားလှယ် (သို့မဟုတ်) ကော်မသျှင်နာရှိသည့် နယ်မြေဒေသတွင်နေထိုင်သူများအနေဖြင့် သက်ဆိုင်ရာနယ်မြေခံ ကိုယ်စားလှယ် (သို့မဟုတ်) ကော်မသျှင်နာ၏ အမည်ကိုဖြေကြားနိုင်ပါသည်။ သက်ဆိုင်ရာနယ်မြေတွင် ဆန္ဒမဲပေးရွေးချယ်သည့် အောက်လွှတ်တော်အမတ်မရှိပါ ဟူသော အဖြေသည်လည်း သင့်တော်သောအဖြေပင်ဖြစ်ပါသည်။)

24. Who does a U.S. Senator represent?
A: all people of the state
၂၄။ မေး။ ။ အထက်လွှတ်တော်အမတ်တစ်ဦးသည် အဘယ်သူများကို ကိုယ်စားပြုပါသနည်း။
၂၄။ ဖြေ။ ။ သက်ဆိုင်ရာပြည်နယ်တွင်း၌နေထိုင်သူ ပြည်သူလူထုအားလုံးကို ကိုယ်စားပြုပါသည်။

25. Why do some states have more Representatives than other states?
- *(because of) the state's population*
- *(because) they have more people*
- *(because) some states have more people*

၂၅။ မေး။ ။ အချို့သောပြည်နယ်များသည် အခြားပြည်နယ်များထက် အောက်လွှတ်တော်အမတ်ဦးရေ အဘယ်ကြောင့် ပိုမိုနေရပါသနည်း။
၂၅။ ဖြေ။ ။
- ပြည်နယ်၏လူဦးရေကြောင့် ဖြစ်ပါသည်။
- အဆိုပါပြည်နယ်များတွင် လူဦးရေ ပိုမိုများပြားသောကြောင့် ဖြစ်ပါသည်။
- အချို့ပြည်နယ်များတွင် လူဦးရေ ပိုမိုများပြားသောကြောင့် ဖြစ်ပါသည်။

26. We elect a President for how many years?
A: four (4)
၂၆။ မေး။ ။ ကျွန်ုပ်တို့သည် သမ္မတ တစ်ဦးအား သက်တမ်းနှစ်မည်မျှအတွက် ရွေးကောက်တင်မြှောက်ပါသနည်း။
၂၆။ ဖြေ။ ။ လေး (၄) နှစ်။

27. In what month do we vote for President?*
A: November
၂၇။ မေး။ ။ ကျွန်ုပ်တို့သည် နိုင်ငံတော်သမ္မတကို မည်သည့် လ တွင် ရွေးကောက်တင်မြှောက်ကြပါသနည်း။ (*)
၂၇။ ဖြေ။ ။ နိုဝင်ဘာလ။

28. What is the name of the President of the United States now?*
- ***Donald J. Trump***
- ***Donald Trump***
- ***Trump***

၂၈။ မေး။ ။ အမေရိကန်ပြည်ထောင်စု၏ ယခုလက်ရှိသမ္မတ၏ အမည်မှာအဘယ်နည်း။ (*)
၂၈။ ဖြေ။ ။
- ဒေါ်နယ် ဂျေ ထရမ့်ပ်
- ဒေါ်နယ် ထရမ့်ပ်
- ထရမ့်ပ်

29. What is the name of the Vice President of the United States now?
- ***Michael R. Pence***
- ***Mike Pence***
- ***Pence***

၂၉။ မေး။ ။ အမေရိကန်ပြည်ထောင်စု၏ ယခုလက်ရှိဒုတိယသမ္မတ၏ အမည်မှာအဘယ်နည်း။
၂၉။ ဖြေ။ ။
- မိုက်ခယ် အာရ် ဖန့်စ်
- မိုက် ဖန့်စ်
- ဖန့်စ်

30. If the President can no longer serve, who becomes President?
A: the Vice President
၃၀။ မေး။ ။ အကယ်၍နိုင်ငံတော်သမ္မတသည် သူ၏တာဝန်များကို မထမ်းဆောင်နိုင်တော့လျှင် မည်သူသည် သမ္မတဖြစ်လာပါမည်နည်း။
၃၀။ ဖြေ။ ။ ဒုတိယ သမ္မတ။

31. If both the President and the Vice President can no longer serve, who becomes President?

A: the Speaker of the House

၃၁။ မေး။ ။ အကယ်၍ သမ္မတနှင့် ဒုတိယသမ္မတတို့သည် သူတို့၏တာဝန်များကို မထမ်းဆောင်နိုင်တော့လျှင် အဘယ်သူသည် သမ္မတဖြစ်လာပါမည်နည်း။

၃၁။ ဖြေ။ ။ ပြည်သူ့လွှတ်တော်၏ ပြောရေးဆိုခွင့်ရှိသူ။

32. Who is the Commander in Chief of the military?

A: the President

၃၂။ မေး။ ။ (အမေရိကန်ပြည်ထောင်စု၏) ကာကွယ်ရေးဦးစီးချုပ်သည် မည်သူဖြစ်ပါသနည်း။

၃၂။ ဖြေ။ ။ နိုင်ငံတော် သမ္မတ။

33. Who signs bills to become laws?

A: the President

၃၃။ မေး။ ။ အဆိုပြုလွှာများကို အမိန့်ဒီဂရီတည်သည့် ဥပဒေများဖြစ်လာစေရန် မည်သူမှလက်မှတ်ရေးထိုးပါသနည်း။

၃၃။ ဖြေ။ ။ နိုင်ငံတော် သမ္မတ။

34. Who vetoes bills?

A: the President

၃၄။ မေး။ ။ အဆိုပြုလွှာများကို မည်သူသည် တရားဝင်ပါယ်ချ (ခွင့်ရှိ) ပါသနည်း။

၃၄။ ဖြေ။ ။ နိုင်ငံတော် သမ္မတ။

35. What does the President's Cabinet do?

A: advises the President

၃၅။ မေး။ ။ နိုင်ငံတော်သမ္မတ၏ ဝန်ကြီးအဖွဲ့သည် ဘာလုပ်ပါသနည်း။

၃၅။ ဖြေ။ ။ နိုင်ငံတော်သမ္မတအား အကြံပေးပါသည်။

36. What are <u>two</u> Cabinet-level positions?

- *Secretary of Agriculture*
- *Secretary of Commerce*
- *Secretary of Defense*
- *Secretary of Education*
- *Secretary of Energy*
- *Secretary of Health and Human Services*
- *Secretary of Homeland Security*
- *Secretary of Housing and Urban Development*
- *Secretary of Interior*
- *Secretary of Labor*
- *Secretary of State*
- *Secretary of Transportation*
- *Secretary of Treasury*
- *Secretary of Veterans Affairs*
- *Attorney General*
- *Vice President*

၃၆။ မေး။ ။ ဝန်ကြီးအဆင့်ရှိသည့် ရာထူးနေရာ နှစ်ခု ကိုဖော်ပြပါ။
၃၆။ ဖြေ။ ။
- လယ်ယာစိုက်ပျိုးရေးဝန်ကြီး
- ကုန်စည်ကူးသန်းရေးဝန်ကြီး
- ကာကွယ်ရေးဝန်ကြီး
- ပညာရေးဝန်ကြီး
- စွမ်းအင်ဝန်ကြီး
- ကျန်းမာရေးနှင့်လူမှုဝန်ထမ်းဝန်ကြီး
- (ပြည်တွင်း) ပြည်ထောင်စုလုံခြုံရေးဝန်ကြီး
- အိုးအိမ်နှင့်မြို့ပြဆိုင်ရာ ဖွံ့ဖြိုးတိုးတက်ရေးဝန်ကြီး
- ပြည်ထဲရေးဝန်ကြီး
- အလုပ်သမားဝန်ကြီး
- နိုင်ငံခြားရေးဝန်ကြီး
- ပို့ဆောင်ဆက်သွယ်ရေးဝန်ကြီး
- ဘဏ္ဍာရေးဝန်ကြီး
- စစ်မှုထမ်းဟောင်းများ သက်သာချောင်ချိရေးဝန်ကြီး
- နိုင်ငံတော်တရားသူကြီးချုပ်
- ဒုတိယသမ္မတ

37. What does the judicial branch do?
- ***reviews laws***
- ***explains laws***
- ***resolves disputes (disagreements)***
- ***decides if a law goes against the Constitution***

၃၇။ မေး။ ။ တရားစီရင်ရေးအဖွဲ့သည် မည်သည့်လုပ်ငန်းဆောင်တာကို လုပ်ဆောင်ပါသနည်း။
၃၇။ ဖြေ။ ။
- တရားဥပဒေများအား ပြန်လှန်သုံးသပ်မှုပြုပါသည်။
- တရားဥပဒေများအား ရှင်းလင်းတင်ပြမှုပြုပါသည်။
- အငြင်းအချက်ပြဿနာများ (သဖေါထားးကွဲလွဲမှုများ) ကို ဖြေရှင်းပေးပါသည်။
- တရားဥပဒေတစ်ရပ်ရပ်သည် နိုင်ငံတော်ဖွဲ့စည်းအုပ်ချုပ်ပုံအခြေခံဥပဒေ (ပါပြဋ္ဌာန်းချက်များ) အပေါ်ဆန့်ကျင်မှု ရှိ/မရှိ ကို ဆုံးဖြတ်ပေးပါသည်။

38. What is the highest court in the United States?
A: the Supreme Court
၃၈။ မေး။ ။ အမေရိကန်ပြည်ထောင်စု၏ အဆင့်အမြင့်ဆုံးတရားရုံးမှာ အဘယ်နည်း။
၃၈။ ဖြေ။ ။ ဗဟိုတရားရုံးချုပ်။

39. How many justices are on the Supreme Court?
A: nine (9)
၃၉။ မေး။ ။ ဗဟိုတရားရုံးချုပ်တွင် အဖွဲ့ဝင်တရားသူကြီး မည်မျှရှိပါသနည်း။
၃၉။ ဖြေ။ ။ ကိုး (၉) ဦး။

40. Who is the Chief Justice of the United States now?

A: John Roberts (John G. Roberts, Jr.)

၄၀။ မေး။ ။ ယခုလက်ရှိ အမေရိကန်ပြည်ထောင်စု၏ ရှေ့နေချုပ်မှာ မည်သူဖြစ်ပါသနည်း။

၄၀။ ဖြေ။ ။ ဂျွန်ရောဘတ် (ဂျွန် ဂျီ ရောဘတ် ဂျူနီယာ)။

41. Under our Constitution, some powers belong to the federal government. What is <u>one</u> power of the federal government?

- *to print money*
- *to declare war*
- *to create an army*
- *to make treaties*

၄၁။ မေး။ ။ ကျွန်ုပ်တို့၏ဖွဲ့စည်းအုပ်ချုပ်ပုံအခြေခံဥပဒေအရ ပြည်ထောင်စုအစိုးရတွင် (တိုက်ရိုက်ပြုလုပ်ဆောင်ရွက်နိုင်သည့်) အခွင့်အာဏာများရှိပါသည်။ ၎င်းအခွင့်အာဏာများအနက်မှ တစ်ခု ကိုဖော်ပြပါ။

၄၁။ ဖြေ။ ။

- ငွေစက္ကူများ ရိုက်နှိပ်ထုတ်ဝေပိုင်ခွင့်
- စစ်ကြေငြာပိုင်ခွင့်
- စစ်တပ်ဖွဲ့ တစ်စုံတစ်ရာ ဖန်တည်းဆောင်ရွက်ပိုင်ခွင့်
- သဘောတူညီမှုများအား စာချုပ်ချုပ်ဆိုပိုင်ခွင့်

42. Under our Constitution, some powers belong to the states. What is <u>one</u> power of the states?

- *provide schooling and education*
- *provide protection (police)*
- *provide safety (fire departments)*
- *give a driver's license*
- *approve zoning and land use*

၄၂။ မေး။ ။ ကျွန်ုပ်တို့၏ဖွဲ့စည်းအုပ်ချုပ်ပုံအခြေခံဥပဒေအရ ပြည်နယ်များတွင် (တိုက်ရိုက်ပြုလုပ်ဆောင်ရွက်နိုင်သည့်) အခွင့်အာဏာများရှိကြပါသည်။ ပြည်နယ်များ၏ အခွင့်အာဏာများအနက်မှ တစ်ခု ကို ဖော်ပြပါ။

၄၂။ ဖြေ။ ။

- စာသင်ကျောင်းဆိုင်ရာနှင့်ပညာရေးအတွက် ထောက်ပံ့စီမံဆောင်ရွက်ပိုင်ခွင့်
- ကာကွယ်ရေး(ပုလိပ် စသည်)ဆိုင်ရာ စီမံဆောင်ရွက်ပိုင်ခွင့်
- လုံခြုံရေး(မီးသတ် စသည်)ဆိုင်ရာ စီမံဆောင်ရွက်ပိုင်ခွင့်
- ယာဉ်မောင်းလိုင်စင်ထုတ်ပေးပိုင်ခွင့်
- နယ်မြေဇုန်အပိုင်းအခြားများပိုင်းခြားမှု၊ အသုံးချမှုများနှင့်ပက်သက်၍ အတည်ပြုပိုင်ခွင့်

43. Who is the Governor of your state?

A: Answers will vary. [Residents of the District of Columbia and U.S. territories without a Governor should say "we don't have a Governor."]

၄၃။ မေး။ ။ သင့်ပြည်နယ်၏ ပြည်နယ်အုပ်ချုပ်ရေးမှူးမှာ မည်သူဖြစ်ပါသနည်း။

၄၃။ ဖြေ။ ။ (သက်ဆိုင်ရာပြည်နယ်အလိုက်) အဖြေများ ကွဲပြားခြားနားမှုရှိလိမ့်မည်။ (ကိုလံဘီယာခရိုင်နယ်မြေ (ဒီစီ) တွင် နေထိုင်သူများနှင့် အုပ်ချုပ်ရေးမှူးမရှိသည့် အခြားအမေရိကန်ပိုင်နက်နယ်မြေများတွင် နေထိုင်သူများအနေဖြင့် "ကျွန်ုပ်တို့တွင် ပြည်နယ်အုပ်ချုပ်ရေးမှူးမရှိပါ" ဟုဖြေဆိုသင့်ပါသည်။)

44. What is the capital of your state?*

A: Answers will vary. [District of Columbia residents should answer that D.C. is not a state and does not have a capital. Residents of U.S. territories should name the capital of the territory.]

၄၄။ မေး။ ။ သင့်ပြည်နယ်၏ မြို့တော်မှာအဘယ်နည်း။ (*)

၄၄။ ဖြေ။ ။ (သက်ဆိုင်ရာပြည်နယ်အလိုက်) အဖြေများကွဲပြားခြားနားမှုရှိလိမ့်မည်။ (ကိုလံဘီယာခရိုင်နယ်မြေ (ဒီစီ) တွင် နေထိုင် သူများအနေဖြင့် ဒီစီသည်ပြည်နယ်မဟုတ်သဖြင့် ပြည်နယ်မြို့တော်မရှိပါဟုဖြေဆိုသင့်ပါသည်။ အမေရိကန်ပိုင်နက် နယ်မြေများတွင် နေထိုင်သူများအနေဖြင့် သက်ဆိုင်ရာနယ်မြေ၏မြို့တော်အမည်ကို ဖြေဆိုသင့်ပါသည်။)

45. What are the <u>two</u> major political parties in the United States?*

A: Democratic and Republican

၄၅။ မေး။ ။ အမေရိကန်ပြည်ထောင်စု အဓိကနိုင်ငံရေးပါတီကြီးနှစ်ခုမှာ မည်သည့်ပါတီများဖြစ်ကြပါသနည်း။ (*)

၄၅။ ဖြေ။ ။ ဒီမိုခရက်တစ် နှင့် ရီပါဗလီကင်။

46. What is the political party of the President now?

A: Republican (Party)

၄၆။ မေး။ ။ လက်ရှိ (အမေရိကန်ပြည်ထောင်စု) သမ္မတ၏ နိုင်ငံရေးပါတီမှာ အဘယ်ပါတီ ဖြစ်ပါသနည်း။

၄၆။ ဖြေ။ ။ ရီပါဗလီကင် (ပါတီ)။

47. What is the name of the Speaker of the House of Representatives now?
- *Paul D. Ryan*
- *(Paul) Ryan*

၄၇။ မေး။ ။ လက်ရှိကွန်ဂရက်လွှတ်တော် ပြောရေးဆိုခွင့်ရှိသူ၏ အမည်မှာအဘယ်နည်း။

၄၇။ ဖြေ။ ။
- ပါးလ်ဒီရိုင်ယန်
- (ပါးလ်) ရိုင်ယန်

C: Rights and Responsibilities
အပိုင်း (စီ)။ အခွင့်အရေးများနှင့်တာဝန်ဝတ္တရားများ

48. There are four amendments to the Constitution about who can vote. Describe __one__ of them.
- *Citizens eighteen (18) and older (can vote).*
- *You don't have to pay (a poll tax) to vote.*
- *Any citizen can vote. (Women and men can vote.)*
- *A male citizen of any race (can vote).*

၄၈။ မေး။ ။ မည်သူသည်ဆန္ဒမဲပေးပိုင်ခွင့်ရှိကြောင်းကို ဖွဲ့စည်းအုပ်ချုပ်ပုံအခြေခံဥပဒေ၏ အပိုဒ်လေးပိုဒ်မှဖော်ပြပါသည်။ ၎င်းတို့ အနက်မှ တစ်ခု ကိုဖော်ပြပါ။

၄၈။ ဖြေ။ ။
- အသက်၁၈နှစ်နှင့်အထက် နိုင်ငံသားများ (ဆန္ဒမဲပေးနိုင်ပါသည်)။
- ဆန္ဒမဲပေးရန် အခွန်အခ ပေးစရာမလိုပါ။
- မည်သည့်နိုင်ငံသားမဆို ဆန္ဒမဲပေးနိုင်ပါသည်။ (အမျိုးသမီးများနှင့် အမျိုးသားများ ဆန္ဒမဲပေးနိုင်ပါသည်။)
- အမျိုးသားတဦးသည် မည်သည့်လူမျိုးနွယ်စုဝင်ပင်ဖြစ်စေ ဆန္ဒမဲပေးနိုင်ပါသည်။

49. What is __one__ responsibility that is only for United States citizens?*
- *serve on a jury*
- *vote*

၄၉။ မေး။ ။ အမေရိကန်နိုင်ငံသားများသာ ဆောင်ရွက်နိုင်သည့် တာဝန်ဝတ္တရား တစ်ရပ် မှာအဘယ်နည်း။ (✱)

၄၉။ ဖြေ။ ။
- တရားခုံရုံးတစ်ခုတွင် တာဝန်ထမ်းဆောင်ခွင့်
- ဆန္ဒမဲပေးပိုင်ခွင့်

50. Name one right only for United States citizens.
- *vote in a federal election*
- *run for federal office*

၅၀။ မေး။ ။ အမေရိကန်နိုင်ငံသားများသာလျှင် ဆောင်ရွက်ပိုင်ခွင့်ရှိသည့် အခွင့်အရေး တစ်ရပ် မှာအဘယ်နည်း။

၅၀။ ဖြေ။ ။
- ဖယ်ဒရယ်အစိုးရ၏ရွေးကောက်ပွဲတစ်ရပ်တွင် ဆန္ဒမဲပေးပိုင်ခွင့်
- ဖယ်ဒရယ်အစိုးရဆိုင်ရာ ရာထူးနေရာအတွက်ရွေးကောက်ပွဲဝင်ပိုင်ခွင့်

51. What are <u>two</u> rights of everyone living in the United States?
- *freedom of expression*
- *freedom of speech*
- *freedom of assembly*
- *freedom to petition the government*
- *freedom of worship*
- *the right to bear arms*

၅၁။ မေး။ ။ အမေရိကန်နိုင်ငံပြည်ထောင်စုတွဲ၌နေတိုင်နေသူ မည်သူမဆိုတွင်ရှိသည့် အခွင့်အရေး <u>နှစ်ရပ်</u> ကိုဖော်ပြပါ။

၅၁။ ဖြေ။ ။
- လွတ်လပ်စွာ ထုတ်ဖော်ပိုင်ခွင့်
- လွတ်လပ်စွာ ပြောဆိုပိုင်ခွင့်
- လွတ်လပ်စွာ စုရုံးပိုင်ခွင့်
- အစိုးရနှင့် လွတ်လပ်စွာ သဘောထားကွဲလွဲပိုင်ခွင့်
- လွတ်လပ်စွာ ကိုးကွယ်ပိုင်ခွင့်
- လက်နက်ကိုင်ဆောင်ထားလိုက ကိုင်ဆောင်နိုင်ထားနိုင်သည့် အခွင့်အရေး

52. What do we show loyalty to when we say the Pledge of Allegiance?
- *the United States*
- *the flag*

၅၂။ မေး။ ။ ကျွန်ုပ်တို့ ကတိကဝတ်ပြုသစ္စာဆိုကြရာ၌ မည်သည်အပေါ်သစ္စာရှိကြောင်း ပြသခြင်းဖြစ်ပါသနည်း။

၅၂။ ဖြေ။ ။
- အမေရိကန်ပြည်ထောင်စု
- နိုင်ငံတော်အလံ

53. What is <u>one</u> promise you make when you become a United States citizen?
- *give up loyalty to other countries*
- *defend the Constitution and laws of the United States*
- *obey the laws of the United States*
- *serve in the U.S. military (if needed)*
- *serve (do important work for) the nation (if needed)*
- *be loyal to the United States*

၅၃။ မေး။ ။ သင်သည် အမေရိကန်နိုင်ငံသားဖြစ်လာပြီးနောက်တွင် သင်ပြုကျင့်ရန်ပေးသည့် ကတိကဝတ် <u>တစ်ခု</u> ကိုဖော်ပြပါ။

၅၃။ ဖြေ။ ။
- အခြားနိုင်ငံများအပေါ် သစ္စာစောင့်သိခြင်းအား စွန့်လွှတ်ရန်
- အမေရိကန်ပြည်ထောင်စု၏ ဖွဲ့စည်းအုပ်ချုပ်ပုံအခြေခံဥပဒေနှင့် တရားဥပဒေများကို ကာကွယ်ရန်
- အမေရိကန်ပြည်ထောင်စု၏ တရားဥပဒေများကို လေးစားလိုက်နာရန်
- (လိုအပ်ပါက) အမေရိကန်တပ်မတော်တွင် ဝင်ရောက်တာဝန်ထမ်းဆောင်ရန်
- (လိုအပ်ပါက) နိုင်ငံတော်အတွက် (အရေးကြီးသည့်ကိစ္စရပ်များဆောင်ရွက်ရန်အလို့ငှါ) တာဝန်ထမ်းဆောင်ရန်
- အမေရိကန်ပြည်ထောင်စုအပေါ် သစ္စာစောင့်သိရန်

54. How old do citizens have to be to vote for President?*
A: eighteen (18) and older

၅၄။ မေး။ ။ နိုင်ငံသားတစ်ဦးသည် ဆန္ဒမဲပေးနိုင်ရန်အတွက် အသက်မည်မျှရှိရမည်နည်း။ (✱)

၅၄။ ဖြေ။ ။ အသက် (၁၈) နှစ် နှင့်အထက်။

55. What are <u>two</u> ways that Americans can participate in their democracy?

- *Vote*
- *join a political party*
- *help with a campaign*
- *join a civic group*
- *join a community group*
- *give an elected official your opinion on an issue*
- *call Senators and Representatives*
- *publicly support or oppose an issue or policy*
- *run for office*
- *write to a newspaper*

၅၅။ မေး။ ။ အမေရိကန်များအနေဖြင့် သူတို့၏ဒီမိုကရေစီစံနစ်ထဲတွင်ပါဝင်ပတ်သက်နိုင်သည့် နည်းလမ်း <u>နှစ်သွယ်</u> ကိုဖော်ပြပါ။

၅၅။ ဖြေ။ ။

- ဆန္ဒမဲပေးခြင်း
- နိုင်ငံရေးပါတီတစ်ခုသို့ ဝင်ရောက်ခြင်း
- မဲဆွယ်၊ လှုပ်ရှားမှုတစ်ခုတွင် ကူပွံပါဝင်ခြင်း
- ပြည်သူ့လှုပ်ရှားမှုအုပ်စုတစ်ခုတွင် ဆက်သွယ်ပါဝင်ခြင်း
- လူမှုအသိုင်းအဝိုင်းအုပ်စုတစ်ခုသို့ ဆက်သွယ်ပါဝင်မှုပြုခြင်း
- အကြောင်းကိစ္စတစ်ရပ်နှင့်ပါက်သက်၍ ရွေးကောက်တင်မြှောက်ခံအရာရှိတစ်ဦးဦးအား မိမိ၏ထင်မြင်ယူဆချက်များကိုတင်ပြ ဆွေးနွေးခြင်း
- အထက်လွှတ်တော်နှင့် အောက်လွှတ်တော်အမတ်များသို့ ဖုန်းဖြင့်ဆက်သွယ်ပြောဆိုခြင်း
- အကြောင်းကိစ္စတစ်ရပ် (သို့မဟုတ်) မူဝါဒတစ်စုံတစ်ရာအပေါ် အများပြည်သူ့ရှေ့မှောက်တွင် ထောက်ခံပိုင်ခွင့် (သို့မဟုတ်) ကန့်ကွက်ပိုင်ခွင့်ရှိခြင်း
- ရွေးကောက်ပွဲတွင် ဝင်ရောက်အရွေးခံပိုင်ခွင့်ရှိခြင်း
- (မိမိ၏ဆန္ဒသဘောထားအား) သတင်းစာတစ်ခုသို့ ဆက်သွယ်ရေးသားခြင်း

56. When is the last day you can send in federal income tax forms?*

A: April 15

၅၆။ မေး။ ။ (နှစ်စဉ်) ပြည်ထောင်စုအခွန်အခ ရှင်းလင်းရေးလျှောက်လွှာများ နောက်ဆုံးပေးပို့ရမည့်ရက်မှာ မည်သည့်ရက် ဖြစ်ပါသနည်း။ (*)

၅၆။ ဖြေ။ ။ အေပရယ်လ ၁၅ ရက်။

57. When must all men register for the Selective Service?

- *at age eighteen (18)*
- *between eighteen (18) and twenty-six (26)*

၅၇။ မေး။ ။ အမျိုးသားများအားလုံး ရွေးချယ်ခံတပ်ဖွဲ့များ၌အမှုထမ်းရန် မည်သည့် အသက်အရွယ်တွင် မှတ်ပုံတင်ကြရ မည်နည်း။

၅၇။ ဖြေ။ ။

- အသက်တစ်ဆယ့်ရှစ် (၁၈) နှစ်ပြည့်ပြီးလျှင်
- အသက်တစ်ဆယ့်ရှစ် (၁၈) နှစ်နှင့် နှစ်ဆယ့်ခြောက် (၂၆) နှစ်ကြားတွင်

AMERICAN HISTORY
အမေရိကန်သမိုင်း

A: Colonial Period and Independence
အပိုင်း (အေ)။ ကိုလိုနီကာလ နှင့် လွတ်လပ်ရေး

58. What is one reason colonists came to America?
- *Freedom*
- *political liberty*
- *religious freedom*
- *economic opportunity*
- *practice their religion*
- *escape persecution*

၅၈။ မေး။ ။ အမေရိကတိုက်သို့ ကိုလိုနီသမားများ ဝင်ရောက်လာခဲ့ကြသည့် အကြောင်းရင်းတစ်ရပ်မှာအဘယ်နည်း။

၅၈။ ဖြေ။ ။
- လွတ်လပ်မှု
- နိုင်ငံရေးလွတ်လပ်မှု
- ဘာသာရေးလွတ်လပ်မှု
- စီးပွါးရေးအခွင့်အလမ်း
- သူတို့ယုံကြည်ရာဘာသာအပေါ် လွတ်လပ်စွာကိုးကွယ်လိုမှု
- တရားမမျှတမှု (အနိုင်ကျင့်ခံရခြင်း) မှ လွတ်ကင်းလိုမှု

59. Who lived in America before the Europeans arrived?
- *Native Americans*
- *American Indians*

၅၉။ မေး။ ။ ဥရောပသားများမရောက်ရှိမီ အမေရိကားတွင် မည်သူတို့ နေထိုင်နေခဲ့ပါ သနည်း။

၅၉။ ဖြေ။ ။
- မူလဇာတိ အမေရိကန်များ
- အမေရိကန်အိန်ဒီယန်းများ

60. What group of people was taken to America and sold as slaves?
- *Africans*
- *people from Africa*

၆၀။ မေး။ ။ အမေရိကားသို့ ကျွန်များအဖြစ် တင်သွင်းရောင်းချုခြင်းခံခဲ့ရသည့် လူအုပ်စုမှာ မည်သည့်လူအုပ်စုဖြစ်ပါသနည်း။

၆၀။ ဖြေ။ ။
- အာဖရိကန်များ
- အာဖရိကတိုက်မှပြည်သူများ

61. Why did the colonists fight the British?
- *because of high taxes (taxation without representation)*
- *because the British army stayed in their houses (boarding, quartering)*
- *because they didn't have self-government*

၆၁။ မေး။ ။ ကိုလိုနီသားများသည် ဗြိတိသျှတို့အား အဘယ်ကြောင့်တိုက်ခိုက်ခဲ့ကြပါသနည်း။

၆၁။ ဖြေ။ ။
- အကောက်ခွန်မြင့်မားခြင်း
- ဗြိတိသျှစစ်တပ်များ သူတို့၏နေအိမ်များတွင်တည်းခိုနေထိုင်ခြင်း
- သူတို့တွင် ကိုယ်ပိုင်အစိုးရမရှိခဲ့ခြင်း

62. Who wrote the Declaration of Independence?
A: (Thomas) Jefferson

၆၂။ မေး။ ။ လွတ်လပ်ရေးကြေ်ညာစာတမ်းကို မည်သူရေးသားခဲ့ပါသနည်း။

၆၂။ ဖြေ။ ။ (ထောမတ်စ်) ဂျက်ဖာဆင်။

63. When was the Declaration of Independence adopted?
A: July 4, 1776

၆၃။ မေး။ ။ လွတ်လပ်ရေးကြေ်ညာစာတမ်း အတည်ပြုပြဋ္ဌာန်းသည့် ကာလကိုဖော်ပြပါ။

၆၃။ ဖြေ။ ။ ၁၇၇၆ ခု၊ ဂျူလိုင်လ ၄ ရက်။

64. There were 13 original states. Name <u>three</u>.
- *New Hampshire*
- *Massachusetts*
- *Rhode Island*
- *Connecticut*
- *New York*
- *New Jersey*
- *Pennsylvania*
- *Delaware*
- *Maryland*
- *Virginia*
- *North Carolina*
- *South Carolina*
- *Georgia*

၆၄။ မေး။ ။ (အမေရိကန်ပြည်နယ်များအနက်) မူလပြည်နယ် ၁၃ ပြည်နယ်ရှိခဲ့ပါသည်။ ၎င်းတို့အထဲမှ ပြည်နယ် ၃ ခု ၏ အမည်များကိုဖော်ပြပါ။

၆၄။ ဖြေ။ ။
- နယူးဟမ်ရှိုင်းယား
- မက်ဆာချူးဆက်စ်
- ရှိုးဒ်အိုင်လန်း
- ကွန်နက်တီကတ်
- နယူးယော့
- နယူးဂျာစီ
- ပင်ဆယ်ဗေးနီးယား

21

- ဒယ်လာဝေရ
- မေရီလန်း
- ဗာဂျီးနီးယား
- မြောက်ကယ်ရိုလိုင်းနား
- တောင်ကယ်ရိုလိုင်းနား
- ဂျော်ဂျီယာ

65. What happened at the Constitutional Convention?
- *The Constitution was written.*
- *The Founding Fathers wrote the Constitution.*

၆၅။ မေး။ ။ ဖွဲ့စည်းပုံအခြေခံဥပဒေဆိုင်ရာညီလာခံ၌ မည်သည့်အခြင်းအရာ ဖြစ်ပွါးခဲ့ပါသနည်း။

၆၅။ ဖြေ။ ။
- ဖွဲ့စည်းအုပ်ချုပ်ပုံအခြေခံဥပဒေကို ရေးဆွဲခဲ့ပါသည်။
- နိုင်ငံတည်ထောင်သူဖခင်များသည် ဖွဲ့စည်းပုံအခြေခံဥပဒေကို ရေးဆွဲခဲ့ကြပါသည်။

66. When was the Constitution written?
A: 1787

၆၆။ မေး။ ။ ဖွဲ့စည်းအုပ်ချုပ်ပုံအခြေခံဥပဒေကို မည်သည့် ခုနှစ်(အချိန်)တွင် ရေးဆွဲခဲ့ပါသနည်း။

၆၆။ ဖြေ။ ။ ၁၇၈၇

67. The Federalist Papers supported the passage of the U.S. Constitution. Name <u>one</u> of the writers.
- *(James) Madison*
- *(Alexander) Hamilton*
- *(John) Jay*
- *Publius*

၆၇။ မေး။ ။ ဖယ်ဒရယ်ဆိုင်ရာစာတမ်းများသည် အမေရိကန်ပြည်ထောင်စု ဖွဲ့စည်းအုပ်ချုပ်ပုံအခြေခံဥပဒေရေးသားရာ၌ များစွာ အထောက်အကူပြုစေခဲ့ပါသည်။ အဆိုပါစာတမ်းရေးသားသူများအနက် တစ်ဦးဦး၏အမည်ကိုဖော်ပြပါ။

၆၇။ ဖြေ။ ။
- (ဂျိမ်စ်) မယ်ဒီဆင်
- (အလက်ဇန္တား) ဟမ်မီလ်တင်
- (ဂျွန်) ဂျေး
- ပူးဘလိယပ်စ်

68. What is <u>one</u> thing Benjamin Franklin is famous for?
- *U.S. diplomat*
- *oldest member of the Constitutional Convention*
- *first Postmaster General of the United States*
- *writer of "Poor Richard's Almanac"*
- *started the first free libraries*

၆၈။ မေး။ ။ ဘင်ဂျမင်ဖရန်ကလင် နာမည်ကျော်ကြားရခြင်းအကြောင်းရင်း <u>တစ်ရပ်</u>မှာ အဘယ်နည်း။

၆၈။ ဖြေ။
- အမေရိကန်ပြည်ထောင်စု၏ သံတမန်
- ဖွဲ့စည်းပုံအခြေခံဥပဒေရေးဆွဲရေးဆိုင်ရာညီလာခံ၏ အသက်အကြီးဆုံးအဖွဲ့ဝင်

- အမေရိကန်ပြည်ထောင်စု၏ ပထမဦးဆုံးဗဟိုစာတိုက်မှူး
- “ Poor Richard’s Almanac ”ကို ရေးသားခဲ့သူ
- အခမဲ့စာကြည့်တိုက်များကို အစ ပြုခဲ့သူ။

69. Who is the "Father of Our Country"?
A: (George) Washington
၆၉။ မေး။ ။ ကျွန်ုပ်တို့တိုင်းပြည်၏ ဖခင်ကြီးမှာ မည်သူဖြစ်ပါသနည်း။
၆၉။ ဖြေ။ ။ (ဂျော့ချ်) ဝါသျှင်တန်

70. Who was the first President?*
A: (George) Washington
၇၀။ မေး။ ။ ပထမဦးဆုံးသမ္မတမှာ အဘယ်သူဖြစ်ခဲ့ပါသနည်း။ (*)
၇၀။ ဖြေ။ ။ (ဂျော့ချ်) ဝါသျှင်တန်

B: 1800s
အပိုင်း (ဘီ)။ ၁၈၀၀ကျော်ခုနှစ်များ

71. What territory did the United States buy from France in 1803?
- *the Louisiana Territory*
- *Louisiana*

၇၁။ မေး။ ။ ၁၈၀၃ ခုနှစ်တွင် အမေရိကန်ပြည်ထောင်စုသည် ပြင်သစ်တို့ထံမှ မည်သည့်နယ်မြေကို ဝယ်ယူခဲ့ပါသနည်း။
၇၁။ ဖြေ။ ။
- လူဝီစီယားနားနယ်မြေ
- လူဝီစီယားနား

72. Name one war fought by the United States in the 1800s.
- *War of 1812*
- *Mexican-American War*
- *Civil War*
- *Spanish-American War*

၇၂။ မေး။ ။ သက္ကရာဇ် ၁၈၀၀ ကျော်ခုနှစ်များအတွင်း အမေရိကန်ပြည်ထောင်စု ပါဝင်တိုက်ခိုက်ခဲ့သည့်စစ်ပွဲ တစ်ပွဲ ၏ အမည်ကို ဖော်ပြပါ။
၇၂။ ဖြေ။ ။
- ၁၈၁၂ ခုနှစ်စစ်ပွဲ
- မက္ကဆီကန်–အမေရိကန်စစ်ပွဲ
- ပြည်တွင်းစစ်
- စပိန်–အမေရိကန်စစ်ပွဲ။

73. Name the U.S. war between the North and the South.

- *the Civil War*
- *the War between the States*

၇၃။ မေး။ ။ အမေရိကန်ပြည်ထောင်စု မြောက်ပိုင်းနှင့်တောင်ပိုင်းကြားတွင် ဖြစ်ပွါးခဲ့သည့်စစ်ပွဲ၏ အမည်ကိုဖေါ်ပြပါ။
၇၃။ ဖြေ။ ။

- ပြည်တွင်းစစ်
- ပြည်နယ်အချင်းချင်းကြားတွင် ဖြစ်ပွါးသည့်စစ်ပွဲ

74. Name <u>one</u> problem that led to the Civil War.

- *Slavery*
- *economic reasons*
- *states' rights*

၇၄။ မေး။ ။ ပြည်တွင်းစစ်ဖြစ်ပွါးစေသည့် ပြဿနာ <u>တစ်ရပ်</u> ကိုဖေါ်ပြပါ။
၇၄။ ဖြေ။ ။

- ကျွန်စံနစ်
- စီးပွါးရေးဆိုင်ရာ အကြောင်းရင်းများ
- ပြည်နယ်များ၏ အခွင့်အရေး

75. What was <u>one</u> important thing that Abraham Lincoln did?*

- *freed the slaves (Emancipation Proclamation)*
- *saved (or preserved) the Union*
- *led the United States during the Civil War*

၇၅။ မေး။ ။ အေဘရာဟမ်လင်ကွန်းပြုခဲ့သည့် အရေးကြီးသောအခြင်းအရာ <u>တစ်ရပ်</u> မှာအဘယ်နည်း။ (*)
၇၅။ ဖြေ။ ။

- ကျွန်များအား လွတ်လပ်ခွင့်ပေးခြင်း (ကျေးကျွန်စံနစ်ဖျက်သိမ်းရေး ကြေ်ငြာစာတမ်း)
- ပြည်ထောင်စုပြိုကွဲမှုမှ ထိမ်းသိမ်း (ကာကွယ်) ခြင်း
- အမေရိကန်ပြည်ထောင်စု၏ ပြည်တွင်းစစ်ကာလ၌ နိုင်ငံကိုဦးဆောင်ခြင်း

76. What did the Emancipation Proclamation do?

- *freed the slaves*
- *freed slaves in the Confederacy*
- *freed slaves in the Confederate states*
- *freed slaves in most Southern states*

၇၆။ မေး။ ။ ကျေးကျွန်စံနစ်ဖျက်သိမ်းရေး ကြေ်ငြာစာတမ်းသည် မည်သည့်အခြင်းအရာကို ဖြစ်ပွါးစေခဲ့ပါသနည်း။
၇၆။ ဖြေ။ ။

- ကျွန်များအား လွတ်လပ်စေခဲ့ပါသည်။
- မဟာမိတ်နယ်မြေများ၌ ကျွန်များကို လွတ်မြောက်စေခဲ့ပါသည်။
- မဟာမိတ်ပြည်နယ်များတွင် ကျွန်များအား လွတ်မြောက်စေခဲ့ပါသည်။
- တောင်ပိုင်းပြည်နယ်အများစုမှ ကျွန်များအား လွတ်မြောက်စေခဲ့ပါသည်။

77. What did Susan B. Anthony do?
- *fought for women's rights*
- *fought for civil rights*

၇၇။ မေး။ ။ ဆူဆန်ဘီအန်သနီသည် မည်သည့်အရာကို ပြုလုပ်ခဲ့ပါသနည်း။
၇၇။ ဖြေ။ ။
- အမျိုးသမီးများ၏ အခွင့်အရေးများအတွက် တိုက်ပွဲဝင်ခဲ့ပါသည်။
- လူမှုအခွင့်အရေးများအတွက် တိုက်ပွဲဝင်ခဲ့ပါသည်။

C: Recent American History and Other Important Historical Information

အပိုင်း (စီ)။ မကြာသေးသည့် အမေရိကန်သမိုင်း နှင့် အခြား အရေးကြီးသော သမိုင်းဝင်အချက်အလက်များ

78. Name one war fought by the United States in the 1900s.*
- *World War I*
- *World War II*
- *Korean War*
- *Vietnam War*
- *(Persian) Gulf War*

၇၈။ မေး။ ။ သက္ကရာဇ် ၁၉၀၀ ကျော်ခုနှစ်များအတွင်း အမေရိကန်ပြည်ထောင်စုပါဝင်တိုက်ခိုက်ခဲ့သည့် စစ်ပွဲတစ်ပွဲ၏ အမည်ကို ဖော်ပြပါ။ (*)
၇၈။ ဖြေ။ ။
- ပထမကမ္ဘာစစ်
- ဒုတိယကမ္ဘာစစ်
- ကိုးရီးယားစစ်ပွဲ
- ဗီယက်နမ်စစ်ပွဲ
- (ပါးသျှန်း) ပင်လယ်ကွေ့စစ်ပွဲ

79. Who was President during World War I?
A: (Woodrow) Wilson

၇၉။ မေး။ ။ ပထမကမ္ဘာစစ်ပွဲကာလအတွင်း တာဝန်ထမ်းဆောင်ခဲ့သည့် သမ္မတမှာ အဘယ်သူဖြစ်ပါသနည်း။
၇၉။ ဖြေ။ ။ (ဝုဒရိုး) ဝီလ်ဆင်

80. Who was President during the Great Depression and World War II?
A: (Franklin) Roosevelt
၈၀။ မေး။ ။ မဟာစီးပွါးပျက်ကပ်ကာလ နှင့် ဒုတိယကမ္ဘာစစ်ပွဲကာလများအတွင်း တာဝန်ထမ်းဆောင်ခဲ့သည့်သမ္မတမှာ မည်သူ ဖြစ်ပါသနည်း။
၈၀။ ဖြေ။ ။ (ဖရန်ကလင်) ရုစဗဲ့

81. Who did the United States fight in World War II?
A: Japan, Germany and Italy
၈၁။ မေး။ ။ ဒုတိယကမ္ဘာစစ်တွင် အမေရိကန်ပြည်ထောင်စုနှင့် တိုက်ခိုက်ခဲ့သည့်နိုင်ငံများမှာ မည်သည့်နိုင်ငံများဖြစ်ကြပါ သနည်း။
၈၁။ ဖြေ။ ။ ဂျပန်၊ ဂျာမဏီ နှင့် အီတလီ။

82. Before he was President, Eisenhower was a general. What war was he in?
A: World War II
၈၂။ မေး။ ။ အိုက်ဇင်ဟောင်ဝါသည် သမ္မတမဖြစ်မီက စစ်ဗိုလ်ချုပ်ကြီးဖြစ်ခဲ့ပါသည်။ မည်သည့်စစ်ပွဲကာလတွင် သူပါဝင် တိုက်ခိုက်ခဲ့ပါသနည်း။
၈၂။ ဖြေ။ ။ ဒုတိယကမ္ဘာစစ်။

83. During the Cold War, what was the main concern of the United States?
A: Communism
၈၃။ မေး။ ။ စစ်အေးစစ်ပွဲကာလအတွင်း အမေရိကန်ပြည်ထောင်စုအနေဖြင့်အဓိက ပက်သက်ရင်ဆိုင်ရသည့် အခြင်းအရာမှာ အဘယ်အခြင်းအရာဖြစ်ခဲ့ပါသနည်း။
၈၃။ ဖြေ။ ။ ကွန်မြူနစ်စံနစ်။

84. What movement tried to end racial discrimination?
A: civil rights (movement)
၈၄။ မေး။ ။ လူမျိုးရေး (အသားအရောင်) ခွဲခြားကျင့်သုံးမှု ဆုံးခန်းတိုင်စေရန် မည်သည့်လှုပ်ရှားမှုဖြင့် ကြိုးပမ်းလုပ်ဆောင်ခဲ့ကြ ပါသနည်း။။
၈၄။ ဖြေ။ ။ နိုင်ငံသား (လူမှု) အခွင့်အရေးဆိုင်ရာလှုပ်ရှားမှု။

85. What did Martin Luther King, Jr. do?*
- *fought for civil rights*
- *worked for equality for all Americans*

၈၅။ မေး။ ။ မာတင်လူသာကိန်းဂျူနီယာ ဘာလုပ်ခဲ့ပါသနည်း။ (*)
၈၅။ ဖြေ။ ။
- နိုင်ငံသားများ (လူမှု) အခွင့်အရေးအတွက် တိုက်ပွဲဝင်ခဲ့ပါသည်။
- အမေရိကန်အားလုံး၏ တန်းတူရေးအတွက် လုပ်ကိုင်ဆောင်ရွက်ခဲ့ပါသည်။

86. What major event happened on September 11, 2001 in the United States?
A: Terrorists attacked the United States.
၈၆။ မေး။ ။ ၂၀၀၁ခုနှစ်၊ စက်တင်ဘာလ ၁၁ ရက်နေ့တွင် အမေရိကန်ပြည်ထောင်စု၌ မည်သည့်(အဓိက)အခြင်းအရာ ဖြစ်ပျက် ခဲ့ပါသနည်း။
၈၆။ ဖြေ။ ။ အစွန်းရောက်အကြမ်းဖက်သမားများက အမေရိကန်ပြည်ထောင်စုအား တိုက်ခိုက်ခဲ့ကြပါသည်။

87. Name <u>one</u> American Indian tribe in the United States. [USCIS officers will be supplied with a complete list.]

- *Cherokee*
- *Navajo*
- *Sioux*
- *Chippewa*
- *Choctaw*
- *Pueblo*
- *Apache*
- *Iroquois*
- *Creek*
- *Blackfeet*
- *Seminole*
- *Cheyenne*
- *Arawak*
- *Shawnee*
- *Mohegan*
- *Huron*
- *Oneida*
- *Lakota*
- *Crow*
- *Teton*
- *Hopi*
- *Inuit*

၈၇။ မေး။ ။ အမေရိကန်အင်ဒီယန်မျိုးနွယ်စု တစ်ခု ၏ အမည်ကိုဖော်ပြပါ။ (စာရင်းအပြည့်အစုံကို အမေရိကန်လူဝင်မှုနှင့်ပြည့်သူ့ အင်အားဦးစီးဌာနအရာရှိများမှ ကူပံ့ပေးပါ လိမ့်မည်။)

၈၇။ ဖြေ။ ။

- ချီရိုကီ
- နာဗာဟို
- ဆူးစ်
- ချီဖါဝါ
- ချော့(က်)ထော
- ဖါဗလို
- အဖါချီ
- အီရိုကွိစ်
- ခရီးက်
- ဘလက်ခ်ဖိ(ထ်)
- ဆေမိုင်နဲ
- ချိုင်ယန်း
- အောရာဝါခ်
- သျောင်နီ
- မိုဟီးဂမ်
- ဟူရွန်
- အိုနိုင်ဒါ

- လာခိုတာ
- ခရောင်း
- တိတွန်
- ဟိုပီ
- အိန်ချူးဝိ(ထ်)

INTEGRATED CIVICS
ပြည်သူ့နီတိကဏ္ဍ

A: Geography
အပိုင်း (အေ)။ ပထဝီဝင်ဆိုင်ရာ

88. Name one of the two longest rivers in the United States.
- *Missouri (River)*
- *Mississippi (River)*

၈၈။ မေး။ ။ အမေရိကန်ပြည်ထောင်စု၏ အရှည်ဆုံးမြစ် နှစ်ခုအနက် တစ်ခု၏အမည်ကိုဖော်ပြပါ။

၈၈။ ဖြေ။ ။
- မီဇူရီ (မြစ်)
- မစ္စစ္စပီ (မြစ်)

89. What ocean is on the West Coast of the United States?
A: Pacific (Ocean)

၈၉။ မေး။ ။ အမေရိကန်ပြည်ထောင်စု၏ အနောက်ဖက်ကမ်းရိုးတန်း၌ မည်သည့်သမုဒ္ဒရာ တည်ရှိပါသနည်း။

၈၉။ ဖြေ။ ။ ပစိဖိတ် (သမုဒ္ဒရာ)။

90. What ocean is on the East Coast of the United States?
A: Atlantic (Ocean)

၉၀။ မေး။ ။ အမေရိကန်ပြည်ထောင်စု၏ အရှေ့ဖက်ကမ်းရိုးတန်းတွင် မည်သည့်သမုဒ္ဒရာ တည်ရှိပါသနည်း။

၉၀။ ဖြေ။ ။ အတ္တလန်တိတ် (သမုဒ္ဒရာ)။

91. Name one U.S. territory.

- *Puerto Rico*
- *U.S. Virgin Islands*
- *American Samoa*
- *Northern Mariana Islands*
- *Guam*

၉၁။ မေး။ ။ အမေရိကန်ပြည်ထောင်စု နယ်နိမိတ်အပိုင်းအခြား တစ်ခု၏ အမည်ကိုဖော်ပြပါ။

၉၁။ ဖြေ။ ။

- ပျူတိုရီကို
- အမေရိကန်ဗာဂျိုန်းကျွန်းများ
- အမေရိကန်ဆာမိုအာ
- မြောက်မာရီယာနာကျွန်းများ
- ဂူအမ်ကျွန်း

92. Name one state that borders Canada.

- *Maine*
- *New Hampshire*
- *Vermont*
- *New York*
- *Pennsylvania*
- *Ohio*
- *Michigan*
- *Minnesota*
- *North Dakota*
- *Montana*
- *Idaho*
- *Washington*
- *Alaska*

၉၂။ မေး။ ။ ကနေဒါနိုင်ငံနှင့် နယ်နိမိတ်ချင်းထိစပ်နေသည့် ပြည်နယ် တစ်ခု ၏ အမည်ကိုဖော်ပြပါ။

၉၂။ ဖြေ။ ။

- မိန်း
- နယူးဟမ်ရှိုင်းယား
- ဗာမောင့်
- နယူးယော့
- ပင်ဆယ်ဗေးနီးယား
- အိုဟိုင်းအိုး
- မီချီဂန်
- မင်နေဆိုးတား
- မြောက်ဒါကိုတာ
- မွန်တားနား
- အိုင်ဒါဟို
- ဝါသျှင်တန်
- အလာစကာ

93. Name <u>one</u> state that borders Mexico.

- ***California***
- ***Arizona***
- ***New Mexico***
- ***Texas***

၉၃။ မေး။ ။ မက္ကဆီကိုနိုင်ငံနှင့် နယ်နိမိတ်ချင်းထိစပ်နေသည့် ပြည်နယ် <u>တစ်ခု</u> ၏ အမည်ကိုဖော်ပြပါ။
၉၃။ ဖြေ။ ။

- ကယ်လီဖိုးနီးယား
- အရီဇိုးနား
- နယူးမက္ကဆီကို
- တက္ကဆက်စ်

94. What is the capital of the United States?*
A: Washington, D.C.
၉၄။ မေး။ ။ အမေရိကန်ပြည်ထောင်စု၏ မြို့တော်မှာ အဘယ်နည်း။ (*)
၉၄။ ဖြေ။ ။ ဝါရှင်တန်ဒီစီ။

95. Where is the Statue of Liberty?*

- ***New York (Harbor)***
- ***Liberty Island***

၉၅။ မေး။ ။လေဘာတီကျောက်ရုပ်ထုသည် မည်သည့်နေရာတွင် တည်ရှိပါသနည်း။ (*)
၉၅။ ဖြေ။ ။

- နယူးယော့ (ဆိပ်ကမ်း)
- လေဘာတီကျွန်းဆွယ်

[Also acceptable are New Jersey, near New York City, and on the Hudson (River).]
('နယူးဂျာစီ'၊ 'နယူးယော့မြို့အနီးတွင်' ၊ 'ဟဒ်ဆင်မြစ်ပေါ်တွင်' ဟူသောအဖြေများမှာလည်း သင့်တော်သည့်လက်ခံနိုင်ဖွယ် အဖြေများ ပင်ဖြစ်ပါသည်။)

B. Symbols
အပိုင်း (ဘီ)။ အမှတ်လက္ခဏာ သင်္ကေတများ

96. Why does the flag have 13 stripes?
- *because there were 13 original colonies*
- *because the stripes represent the original colonies*

၉၆။ မေး။ ။ (အမေရိကန်) အလံတော်၌ အဘယ်ကြောင့် အစင်းကြောင်း ၁၃ ကြောင်းပါရှိပါသနည်း။

၉၆။ ဖြေ။ ။
- အဘယ်ကြောင့်ဆိုသော် မူလကိုလိုနီ ၁၃ ပြည်နယ်ရှိသောကြောင့်ဖြစ်ပါသည်။
- အဘယ်ကြောင့်ဆိုသော် အစင်းကြောင်းများသည် မူလကိုလိုနီပြည်နယ်များကို ကိုယ်စားပြုသောကြောင့်ဖြစ်ပါသည်။

97. Why does the flag have 50 stars?*
- *because there is one star for each state*
- *because each star represents a state*
- *because there are 50 states*

၉၇။ မေး။ ။ (အမေရိကန်) အလံတော်၌ အဘယ်ကြောင့်ကြယ်အလုံး ၅၀ ရှိနေပါသနည်း။ (∗)

၉၇။ ဖြေ။ ။
- အဘယ်ကြောင့်ဆိုသော် ပြည်နယ်တစ်ခုအတွက် ကြယ်တစ်လုံးကျစီဖြစ်သောကြောင့် ဖြစ်ပါသည်။
- အဘယ်ကြောင့်ဆိုသော် ကြယ်တစ်လုံးစီသည် ပြည်နယ်တစ်ခုစီကို ကိုယ်စားပြုသောကြောင့် ဖြစ်ပါသည်။
- အဘယ်ကြောင့်ဆိုသော် (အမေရိကန်ပြည်ထောင်စုတွင်) ပြည်နယ် (၅၀) ရှိသည့်အတွက်ကြောင့် ဖြစ်ပါသည်။

98. What is the name of the national anthem?
A: The Star-Spangled Banner

၉၈။ မေး။ ။ (အမေရိကန်) အမျိုးသားသီချင်း၏အမည်မှာ အဘယ်နည်း

၉၈။ ဖြေ။ ။ The Star-Spangled Banner ဖြစ်ပါသည်။

C: Holidays
အပိုင်း (စီ)။ အားလပ်ရက်များ

99. When do we celebrate Independence Day?*

A: July 4

၉၉။ မေး။ ။ ကျွန်ုပ်တို့သည် လွတ်လပ်ရေးနေ့,အခါသမယကို မည်သည့်နေ့,ရက်တွင် ကျင်းပကြပါသနည်း။

၉၉။ ဖြေ။ ။ ဂျူလိုင်လ ၄ ရက်။

100. Name <u>two</u> national U.S. holidays.

- *New Year's Day*
- *Martin Luther King, Jr., Day*
- *Presidents' Day*
- *Memorial Day*
- *Independence Day*
- *Labor Day*
- *Columbus Day*
- *Veterans Day*
- *Thanksgiving*
- *Christmas*

၁၀၀။ မေး။ ။ အမေရိကန်ပြည်ထောင်စုတွင် ရုံးပိတ်ရက်/အားလပ်ရက် <u>နှစ်ရက်</u> ၏ အမည်များကိုဖော်ပြပါ။

၁၀၀။ ဖြေ။ ။

- နှစ်သစ်ကူးနေ့,
- မာတင်လူသာကင်းဂျူနီယာနေ့,
- သမ္မတများနေ့,
- အောက်မေ့ဖွယ်နေ့,
- လွတ်လပ်ရေးနေ့,
- အလုပ်သမားနေ့,
- ကိုလံဘတ်နေ့,
- စစ်ပြန်များနေ့,
- ကျေးဇူးတော်နေ့,
- ခရစ္စမတ်နေ့,

အင်္ဂလိပ်စာ အရေး/အဖတ် စစ်ဆေးမှုကဏ္ဍ

အမေရိကန်နိုင်ငံသားဖြစ်စာမေးပွဲ ဖြေဆိုသူတစ်ဦးသည် အင်္ဂလိပ်ဘာသာ ရေး/ဖတ်/ပြော စစ်ဆေးမှုများကိုခံယူရပြီး အဆိုပါ စစ်ဆေးမှုသုံးမျိုးလုံးအား အောင်မြင်စွာဖြေဆိုနိုင်ရမည်ဖြစ်ပါသည်။ ဖြေဆိုသူ၏အင်္ဂလိပ်ဘာသာပြောဆိုနိုင်မှု/နားလည်မှု စွမ်းရည်နှင့်ပတ်သက်၍ သက်ဆိုင်ရာစစ်ဆေးရေးအရာရှိအနေဖြင့် အင်တာဗျူးပြုလုပ်စဉ် သိရှိထား(မှတ်ချက်ချမှတ်ထား) ပြီးဖြစ်ပါ သည်။ မေးခွန်းအမေးအဖြေကဏ္ဍပြီးသည်နှင့် အင်္ဂလိပ်စာ အရေးနှင့်အဖတ် စစ်ဆေးမှုအပိုင်းများကို ပြုလုပ်ပါသည်။

အင်္ဂလိပ်စာအရေးနှင့်အဖတ် စစ်ဆေးမှုအတွက်ကိုမူ အင်တာဗျူးပြုလုပ်သည်အရာရှိမှ သင့်အား သုံးကြောင်းထက်မပို သော Sentence (ဝါကျ) များကိုရေး နိုင်/ဖတ်ခိုင်းပါလိမ့်မည်။ *ဝါကျများအားရေးသားစဉ်တွင်လည်းကောင်း၊ ဖတ်ရှုစဉ်တွင် လည်းကောင်း ပထမဦးဆုံးဝါကျအား မှန်ကန်စွာရေးနိုင်၊ ဖတ်နိုင်လျှင် ကျန်ဝါကျများကို ဆက်ရေး၊ ဆက်ဖတ်ရန် မလိုအပ်တော့ပါ။*

သို့ဖြစ်ရာ အထက်ဖော်ပြပါစစ်ဆေးမှုများအား အထစ်အငေါ့ကင်းစွာ (သို့မဟုတ်) အမှားအယွင်းနည်းပါးစွာဖြင့် ဖြေဆို နိုင်ရန်အတွက်လိုအပ်သည့်ကြိုတင်ပြင်ဆင်မှုများကို ပြုလုပ်ထားကြရမည်ဖြစ်သည်။

(၁) အင်္ဂလိပ်စာဖတ်ရှုနားလည်မှုစစ်ဆေးခြင်း

အင်္ဂလိပ်စာအဖတ်စစ်ဆေးမှုဖြေဆိုရန်အတွက် လေ့လာထားရမည်ဝေါဟာရများ

အမေရိကန်နိုင်ငံသားဖြစ်စာမေးပွဲတွင်မေးမြန်းမည့် အင်္ဂလိပ်စာအဖတ်စစ်ဆေးမှုအားဖြေဆိုနိုင်ရေးအတွက် လေ့လာထား ရန်လိုအပ်သည့် စကားလုံးများကို အမေရိကန်ပြည်ထောင်စု နိုင်ငံသားများဆိုင်ရာနှင့် လူဝင်မှုကြီးကြပ်ရေးဌာန (U. S. Citizenship and Immigration Services-USCIS) မှသက်ဆိုင်ရာအလိုက်အုပ်စုများခွဲလျှက် ပြုစုထားရှိပါသည်။

အင်္ဂလိပ်စာအဖတ်စစ်ဆေးမှုအတွက် လေ့လာထားရန်လိုအပ်သည့်ဝေါဟာရများမှာ အောက်ပါအတိုင်းဖြစ်ပါသည်–

PEOPLE (လူပုဂ္ဂိုလ်များ)
★ Abraham Lincoln (အောဘရာဟမ် လင်ကွန်း)
★ George Washington (ဂျော့ချ် ဝါသျှင်တန်)

CIVICS (မြို့ပြဆိုင်ရာ)
★ American flag (အမေရိကန်အလံ)
★ Bill of Rights (အမေရိကန်ဖွဲ့စည်းပုံအခြေခံဥပဒေတွင် ပထမဦးဆုံး ထည့် သွင်းပြင်ဆင်၊ ပြောင်းလဲချက် အပိုဒ် ၁၀ ပိုဒ်)
★ capital (မြို့တော်)
★ citizen (နိုင်ငံသား)
★ city (မြို့/မြို့ကြီး)
★ Congress (လွှတ်တော်)
★ country (နိုင်ငံ/တိုင်းပြည်)
★ Father of Our Country (ကျွန်ုပ်တို့ နိုင်ငံ၏ ဖခင်ကြီး)
★ government (အစိုးရ)

★ President (သမ္မတ)
★ right (အခွင့်အရေး)
★ senators (အထက်လွှတ်တော်အမတ်များ)
★ state / states (ပြည်နယ် / ပြည်နယ်များ)
★ White House (အိမ်ဖြူတော်)

PLACES (နေရာဒေသများ)
★ America (အမေရိကား)
★ United States (အမေရိကန်ပြည်ထောင်စု)
★ U.S. (အမေရိကန်ပြည်ထောင်စု United States ၏ အတိုကောက်)

HOLIDAYS (အားလပ်ရက်များ)
★ Presidents' Day (သမ္မတများနေ့)
★ Memorial Day (အောက်မေ့ဖွယ်နေ့)
★ Flag Day (အလံတော်နေ့)
★ Independence Day (လွတ်လပ်ရေးနေ့)
★ Labor Day (အလုပ်သမားနေ့)
★ Columbus Day (ကိုလံဘတ်စ်နေ့)
★ Thanksgiving (ကျေးဇူးတော်အခါသမယ)

QUESTION WORDS (အမေး စကားလုံးများ)
★ How (ဘယ်လိုလဲ)
★ What (ဘာလဲ)
★ When (ဘယ်အချိန်လဲ)
★ Where (ဘယ်နေရာလဲ)
★ Who (ဘယ်သူလဲ)
★ Why (ဘာဖြစ်လို့လဲ)

VE R BS (ကြိယာများ)
★ can (နိုင်သည်၊ တတ်သည်)
★ come (လာသည်)
★ do / does (ပြုသည်၊ လုပ်သည်)
★ elects (ရွေးချယ်သည်)
★ have / has (မှာရှိကြသည်၊ မှာရှိသည်)
★ is / are / was / be (ရှိသည်၊ ဖြစ်သည်)
★ lives / lived (နေထိုင်သည်၊ နေထိုင်ခဲ့သည်)
★ meet (တွေ့ဆုံသည်)
★ name (အမည်မှည့်ခေါ်သည်)
★ pay (ပေးသည်၊ ပေးချေသည်)
★ vote (ဆန္ဒမဲပေးသည်)
★ want (အလိုရှိသည်)

<u>**OTHER (FUNCTION)**</u>
<u>(အခြားလုပ်ကိုင်ဆောင်ရွက်မှုဆိုင်ရာသုံး စကားလုံးများ)</u>

★ a (တစ်၊ တစ်ခု၊ တစ်ကောင်၊ တစ်ယောက်)
★ for (အတွက်)
★ here (ဤနေရာ၊ ဤနေရာတွင်)
★ in (အထဲမှာ)
★ of (၏)
★ on (အပေါ်မှာ၊ အထက်မှာ)
★ the (အင်္ဂလိပ်ဝါစင်္ကီတစ်မျိုး)
★ to (သို့)
★ we (ကျွန်ုပ်တို့)

<u>**OTHER (CONTENT)**</u> အခြား (အဓိပ္ပါယ်ပုံဆောင် စကားလုံးများ)
★ colors (အရောင်များ)
★ dollar bill (ဒေါ်လာငွေ)
★ first (ပထမ)
★ largest (အကြီးဆုံး)
★ many (များများ၊ များစွာ)
★ most (အများဆုံး / ဆုံး)
★ north (မြောက်ဖက်၊ မြောက်အရပ်)
★ one (တခု၊ တစ်)
★ people (ပြည်သူများ)
★ second (ဒုတိယ / စက္ကန့်)
★ south (တောင်ဖက်၊ တောင်အရပ်)

35

(၂) အင်္ဂလိပ်စာ အရေးအသား စစ်ဆေးခြင်း

အင်္ဂလိပ်စာ အရေးစစ်ဆေးမှုဖြေဆိုရန်အတွက် လေ့လာထားရမည့် ဝေါဟာရများ

အင်္ဂလိပ်စာအရေးစစ်ဆေးမှုအတွက် လေ့လာထားရန်လိုအပ်သည့် ဝေါဟာရများမှာ အောက်ပါအတိုင်းဖြစ်ပါသည်–

PEOPLE (လူပုဂ္ဂိုလ်များ)
★ Adams (အဒမ်)
★ Lincoln (လင်ကွန်း)
★ Washington (ဝါသျှင်တန်)

CIVICS (မြို့ပြနှင့် လူနေမှုဆိုင်ရာများ)
★ American Indians (အမေရိကန်အိန္ဒီယန်များ)
★ capital (မြို့တော်)
★ citizens (နိုင်ငံသားများ)
★ Civil War (ပြည်တွင်းစစ်)
★ Congress (လွှတ်တော်)
★ Father of Our Country (ကျွန်ုပ်တို့ နိုင်ငံ၏ ဖခင်ကြီး)
★ flag (အလံတော်)
★ free (လွတ်လပ်သည်၊ လွတ်လပ်မှု)
★ freedom of speech (လွတ်လပ်စွာပြောဆိုခွင့်)
★ president (သမ္မတ)
★ right (အခွင့်အရေး/လက်ျာဘက်/မှန်ကန်သော)
★ Senators (အထက်လွှတ်တော်အမတ်များ)
★ state / states (ပြည်နယ်၊ ပြည်နယ်များ)
★ White House (အိမ်ဖြူတော်)

PLACES (နေရာဒေသများ)
★ Alaska (အလာစကာ)
★ California (ကယ်လီဖော်နီးယား)
★ Canada (ကနေဒါ)
★ Delaware (ဒယ်လာဝယ်ရ်)
★ Mexico (မက္ကဆီကို)
★ New York City (နယူးယော့မြို့တော်ကြီး)
★ United States (အမေရိကန်ပြည်ထောင်စု)
★ Washington (ဝါသျှင်တန်)
★ Washington, D.C. (ဝါသျှင်တန်ဒီစီ)

MONTHS (လ များ)
★ February (ဖေဖော်ဝါရီ)

★ May (မေ)

★ June (ဂျွန်)

★ July (ဂျူလိုင်)

★ September (စက်တင်ဘာ)

★ October (အောက်တိုဘာ)

★ November (နိုဝင်ဘာ)

HOLIDAYS (အားလပ်ရက်များ)
★ Presidents' Day (သမ္မတများနေ့)

★ Memorial Day (အောက်မေ့ဖွယ်နေ့)

★ Flag Day (အလံတော်နေ့)

★ Independence Day (လွတ်လပ်ရေးနေ့)

★ Labor Day (အလုပ်သမားနေ့)

★ Columbus Day (ကိုလံဘတ်စ်နေ့)

★ Thanksgiving (ကျေးဇူးတော် အခါသမယ)

VERBS (ကြိယာများ)
★ can (နိုင်သည် / တတ်သည်)

★ come (လာသည်)

★ elect (ရွေးချယ်သည်)

★ have / has (မှာရှိကြသည် / မှာရှိသည်)

★ is /was/ be (ရှိသည် / ဖြစ်သည်)

★ lives / lived (နေထိုင်သည် / နေထိုင်ခဲ့သည်)

★ meets (တွေ့ဆုံသည်)

★ pay (ပေးသည် / ပေးချေသည်)

★ vote (ဆန္ဒမဲပေးသည်)

★ want (အလိုရှိသည်)

OTHER (FUNCTION) (အခြားလုပ်ကိုင်ဆောင်ရွက်မှုဆိုင်ရာသုံး စကားလုံးများ)
★ and (နှင့်)

★ during (အတောအတွင်း)

★ for (အတွက်)

★ here (ဤနေရာ၊ ဤနေရာတွင်)

★ in (အထဲမှာ)

★ of (၏)

★ on (အပေါ်မှာ)

★ the (အဂ်လိပ်ဝါစင်္ဂီ (သို့) article တစ်မျိုး)

★ to (သို့)

★ we (ကျွန်ုပ်တို့)

<u>OTHER (CONTENT)</u> (အခြားအဓိပ္ပါယ်ပုံဆောင် စကားလုံးများ)

★ blue (အပြာရောင်)

★ dollar bill (ဒေါ်လာငွေ)

★ fifty / 50 (ငါးဆယ် / ၅၀)

★ first (ပထမ)

★ largest (အကြီးဆုံး)

★ most (အများဆုံး / ဆုံး)

★ north (မြောက်ဖက်၊ မြောက်အရပ်)

★ one (တခု၊ တစ်)

★ one hundred / 100 (တစ်ရာ/၁၀၀)

★ people (လူများ၊ ပြည်သူများ)

★ red (အနီရောင်)

★ second (စက္ကန့် / ဒုတိယ)

★ south (တောင်ဖက်၊ တောင်အရပ်)

★ taxes (တက္ကဆက်စ်ပြည်နယ် / အခွန်အခများ)

★ white (အဖြူရောင်)

အမေရိကန်နိုင်ငံသားတစ်ဦး၏အခြေခံအခွင့်အရေးများ

အမေရိကန်နိုင်ငံသားဖြစ်ပြီးသည်နှင့် သင်သည် –

⇒ ရွေးကောက်ပွဲများ၌ တရားဝင်ဆန္ဒမဲပေးပိုင်ခွင့်ရှိပါသည်။

⇒ ရွေးကောက်ပွဲများ၌ ဝင်ရောက်အရွေးခံပိုင်ခွင့်ရှိပါသည်။

⇒ အစိုးရဌာနများလက်အောက်ရှိ အလုပ်အကိုင်များအား လျှောက်ထားလုပ်ကိုင်နိုင်ပါသည်။

⇒ အမေရိကန်ပြည်ထောင်စုပြင်ပရှိ သင့်မိသားစုဝင်များအား အမေရိကန်ပြည်ထောင်စုတွင် လာရောက်နေထိုင်နိုင်ရေးအတွက် စီမံဆောင်ရွက်ပိုင်ခွင့်ရှိပါသည်။

⇒ ထိမ်းမြားလက်ထပ်ခြင်းမရှိသေးသူ သင့် သား/သမီး များအား အမေရိကန်သို့ ပြောင်းရွှေ့နေထိုင်ရေးအတွက် လျှောက်ထားဆောင်ရွက်ပိုင်ခွင့်ရှိပါသည်။

⇒ သင်သည်အမေရိကန်ပြည်ထောင်စုနယ်မြေပြင်ပ၌ နေထိုင်နေသည်ပင်ဖြစ်စေကာမူ လူမှုဖူလုံရေးအထောက်အပံ့ (Social Security benefit) များကို ခံစားပိုင်ခွင့်ရှိပါသည်။

⇒ သင်သည်အခြားနိုင်ငံတစ်ခုခုတွင် အခြေချနေထိုင်လျှက် ဒုတိယနိုင်ငံသား (Second Citizenship) အဖြစ် ရပ်တည်နေပိုင်ခွင့်ရှိပါသည်။

⇒ ကမ္ဘာ့နိုင်ငံအသီးသီးသို့ခရီးသွားလာရာ၌ အမေရိကန်နိုင်ငံသားခရီးသွားလာခွင့် လက်မှတ် (American passport) အား ကိုင်ဆောင်သွားလာပိုင်ခွင့်ရရှိပါ သည်။

⇒ အမေရိကန်ပြည်ထောင်စုထဲသို့ ပြန်လည်၍ လွယ်လင့်တကူ ဝင်ရောက်လာနိုင်ခွင့် ရှိပါသည်။

⇒ သင့်အမြဲတမ်းနေထိုင်သူကဒ် (Green Card) အား (သတ်မှတ်ထားသည့် အချိန် များအတွင်း) သက်တမ်းတိုးမြှင့်လဲလှယ်နေရန် မလိုအပ်တော့ပါ။

⇒ သင့်နေရပ်ဒေသပြောင်းရွှေ့မှုများအား လျှောက်လွှာများတင်၍သတင်းပို့ဆောင် ရွက်နေစရာ မလိုအပ်တော့ပါ။

⇒ သင်၏မူလနိုင်ငံသို့ ပြန်လည်ပို့ဆောင်ခြင်း မခံရတော့ပါ။

⇒ အမေရိကန်အစိုးရထံမှ နိုင်ငံသားဆိုင်ရာအထောက်အပံ့များ ရရှိခံစားပိုင်ခွင့်ရှိပါ သည်။

⇒ အမေရိကန်အစိုးရ၏ လူဝင်မှုဆိုင်ရာနည်းဥပဒေ အပြောင်းအလဲများအား ထည့်တွက် စိုးရိမ်နေစရာ မလိုအပ်တော့ပါ။

အမေရိကန်ပြည်ထောင်စု
ပြည်နယ်မြို့တော်များ၊ အတိုကောက်များနှင့်ပြည်ထောင်စုထဲသို့ဝင်ရောက်သည့်ခုနှစ်များ

State	Abbreviation	Capital	Date of Statehood
Alabama	AL	Montgomery	1819
Alaska	AK	Juneau	1959
Arizona	AZ	Phoenix	1912
Arkansas	AR	Little Rock	1836
California	CA	Sacramento	1850
Colorado	CO	Denver	1876
Connecticut	CT	Hartford	1788
Delaware	DE	Dover	1787
Florida	FL	Tallahassee	1845
Georgia	GA	Atlanta	1788
Hawaii	HI	Honolulu	1959
Idaho	ID	Boise	1890
Illinois	IL	Springfield	1818
Indiana	IN	Indianapolis	1816
Iowa	IA	Des Moines	1846
Kansas	KS	Topeka	1861
Kentucky	KY	Frankfort	1792
Louisiana	LA	Baton Rouge	1812
Maine	ME	Augusta	1820
Maryland	MD	Annapolis	1788
Massachusetts	MA	Boston	1788
Michigan	MI	Lansing	1837
Minnesota	MN	Saint Paul	1858
Mississippi	MS	Jackson	1817
Missouri	MO	Jefferson City	1821
Montana	MT	Helena	1889
Nebraska	NE	Lincoln	1867
Nevada	NV	Carson City	1864
New Hampshire	NH	Concord	1788
New Jersey	NJ	Trenton	1787
New Mexico	NM	Santa Fe	1912
New York	NY	Albany	1788
North Carolina	NC	Raleigh	1789
North Dakota	ND	Bismarck	1889
Ohio	OH	Columbus	1803
Oklahoma	OK	Oklahoma City	1907
Oregon	OR	Salem	1859
Pennsylvania	PA	Harrisburg	1787
Rhode Island	RI	Providence	1790
South Carolina	SC	Columbia	1799
South Dakota	SD	Pierre	1889
Tennessee	TN	Nashville	1796
Texas	TX	Austin	1845
Utah	UT	Salt Lake City	1896
Vermont	VT	Montpelier	1791
Virginia	VA	Richmond	1788
Washington	WA	Olympia	1889
West Virginia	WV	Charleston	1863
Wisconsin	WI	Madison	1848
Wyoming	WY	Cheyenne	1890